Jana Albrecht

Ausgewählte Kriterien und Ziele des Sport-Sponsorings

GRIN Verlag

Bibliografische Information der Deutschen Nationalbibliothek:

Die Deutsche Bibliothek verzeichnet diese Publikation in der Deutschen Nationalbibliografie; detaillierte bibliografische Daten sind im Internet über http://dnb.d-nb.de/ abrufbar.

Impressum:

Druck und Bindung: Books on Demand GmbH, Norderstedt Germany
ISBN: 978-3-656-85616-0

Dieses Buch bei GRIN:

http://www.grin.com/de/e-book/285258/ausgewaehlte-kriterien-und-ziele-des-sport-sponsorings

Hausarbeit
im Rahmen der Veranstaltung

„Veranstaltungsmanagement“

an der Westfälischen Hochschule
Sommersemester 2012

Thema

Ausgewählte Kriterien und Ziele des Sportsponsorings

Abgabetermin 01.06.2012

Vorgelegt von Jana Albrecht

INHALTSVERZEICHNIS

ABBILDUNGSVERZEICHNIS

1.Einleitung

Die vorliegende Arbeit beschäftigt sich mit dem Thema „Ausgewählte Kriterien und Ziele des Sport-Sponsorings". Innerhalb dieser Arbeit, sollen die Zielkonflikte zwischen Sponsoren und Gesponserten durch die Betrachtung ausgewählter Kriterien bewertet werden.

Es soll geklärt werden, ob es zwischen Sponsoren und Gesponserten Schnittstellen in der Gewichtung ihrer Kriterien und Ziele gibt und wo eventuelle Konflikte entstehen können.

Um dies zu klären, wird vorerst, im ersten Kapitel, der Begriff Sponsoring genauer definiert. Anschließend werden die unterschiedlichen Anwendungsbereiche aufgelistet. Danach folgen eine Abgrenzung von dem Begriff des Mäzenatentums und ein kurzer Einblick in die Entwicklung des Sponsorings mit Schwerpunkt auf die Entwicklung des Bereichs „Sport".

Die Voraussetzungen eines Sponsoring-Vertrages und eine mögliche Sponsoring-Strategie werden im nächsten Abschnitt genauer erklärt.

Überleitend von Sponsoring allgemein wird der Begriff des Sport-Sponsorings näher gebracht. Es folgt eine Übersicht über die Entwicklung und Bedeutung von Sport-Sponsoring.

Nachdem diese Bereiche beschrieben sind, beschäftigt sich die Arbeit mit den unterschiedlichen Kriterien zur Bewertung des Sponsorings aus Sicht der Sponsoren und der Gesponserten. Dies erfolgt anhand einer groben Unterteilung der Kriterien in allgemeine und wirtschaftliche Kriterien, um diese von beiden Seiten aus besser gegenüberstellen zu können.

Anschließend werden die unterschiedlichen Ziele der beiden Seiten beschrieben, bevor eine präzisere Unterteilung in Marketing- und Kommunikationsziele folgt. Die Marketingziele werden in ökonomische und psychologische Ziele unterteilt, die Kommunikationsziele in Bekanntheitsgrad, Imageprofilierung und Segmentierung.

Anhand eines Beispiels soll verdeutlicht werden, was eine gute Sponsoring-Beziehung ausmacht und woraus sich diese zusammensetzt.

Abschließend werden im Fazit die wichtigsten Erkenntnisse zusammengefasst und beurteilt.

2.Sponsoring

2.1Definition Sponsoring

„Sponsoring bedeutet die

- Analyse, Planung, Umsetzung und Kontrolle sämtlicher Aktivitäten,
- die mit der Bereitstellung von Geld, Sachmitteln, Dienstleistungen oder Know-how durch Unternehmen und Institutionen
- zur Förderung von Personen und/oder Organisationen in den Bereichen Sport, Kultur, Soziales, Umwelt und/oder den Medien
- unter vertraglicher Regelung der Leistung des Sponsors und Gegenleistung des Gesponserten verbunden sind,
- um damit gleichzeitig Ziele der Marketing- und Unternehmenskommunikation zu erreichen.“[1]

„Sponsoring übernimmt die Finanzierung oder sonstige Unterstützung einer Person, Organisation, Institution oder Veranstaltung aus ...[verschiedenen Bereichen] gegen Gewährleistung von Kommunikationsrechten.“[2]
Somit versteht man unter Sponsoring den Zuschuss durch Unternehmen/Personen an die jeweiligen gesponserten Unternehmen/Personen. Gegenleistungen für eigene Marketingziele erhalten sie in Form von Finanzmitteln, Dienstleistungen und Sachmitteln. Ein Bespiel für Sachmittel ist ein kostenloser Bierausschank eines Sponsoren. Bei dem Wert solcher Sachmittel muss darauf geachtet werden, unter anderem aus steuerlichen Gründen, ob dieser angemessen ist. Die Erwartungen eines Sponsors liegen bei der Unterstützung eigener Marketingziele, welche eine hohe Identifikation mit den ausgewählten Sponsoren erfordert. Dies setzt Glaubwürdigkeit sowie eine organisatorische Anpassung beidseitig voraus. Doch ist nicht jede Sponsoring-Beziehung gleich, da sich Sponsoring in verschiedenen Bereich in seiner Art und Form unterscheidet. Man unterscheidet das Kultur-, Sport-, Sozio-, und Medien-Sponsoring.[3] Ein weiteres Eingehen auf den Begriff des Sport-Sponsorings folgt im nächsten Abschnitt. Die anderen Formen des Sponsorings werden in der vorliegenden Arbeit vernachlässigt.

---

[1] Bruhn, M. (2010), S. 6.
[2] Schmalen, H., Pechtl H. (2009), S. 326.
[3] Vgl. Bode, A. (2010), S. 20.

2.2Vom Mäzenatentum zum Sponsoring

Sponsoring wird oft mit dem Begriff Mäzenatentum verwechselt. Daher wird in diesem Abschnitt eine Abgrenzung dieser Begriffe kurz erläutert. [4]
Das Mäzenatentum verfolgt keinen Selbstzweck und wirkt meist im Stillen, daher ist es in diesem Punkt klar vom Sponsoring abzugrenzen.[5]
Um 70 bis 8 v. Chr. fing die Geschichte des Sponsorings an. Es begann mit dem Mäzenatentum durch den Diplomaten Gaius Clinius Maecenas. Heute hat es sich zu einer speziellen Kommunikation entwickelt und wird als Sponsoring bezeichnet. Ein Mäzen wird so definiert, dass es sich um eine Person handelt, die eine unterstützende Funktion bei der Umsetzung einer Planung hat und keine Gegenleistung dafür verlangt. Dabei kann es sich um eine Institution oder eine Person mit Geld bzw. geldwerten Mittel handeln, die Unterstützung benötigen. Das heißt ein Mäzenatentum ist sozusagen das Gegenteil des Sponsorings, da sich diese beiden Formen in dem Punkt der Gegenleistung stark voneinander unterscheiden.[6]
Heute gibt es jedoch eine neue Art des Mäzenatentums, bei der man davon ausgeht, dass Menschen nach Kultur streben sollen. Hier steht als Gegenleistung eine klare emotionale Leistung gegenüber.[7]
In der Vergangenheit hat sich das Verhalten und Engagement der Unternehmen stark verändert. Sportliche, kulturelle und soziale Organisationen sowie Verbände und Einzelpersonen wurden lange Zeit mit ablehnender Haltung betrachtet, was dem Sponsoring aber als eine positive Entwicklung entgegenstand. Auch eingeschränkte rechtliche Rahmenbedingungen trugen etwas dazu bei, dass Sponsoring sich seit Mitte der 1980er Jahre zu einem zentralen Kommunikationsinstrument entwickelte.[8]

3. Sponsoring-Vertrag und –Strategie

Ein Sponsoring-Vertrag ist sozusagen die formale Grundlage für ein Sponsoring-Engagement. In diesem Vertrag werden die Leistung der Sponsoren und die Gegenleistungen der Gesponserten genau definiert.

---

[4] Vgl. Bode, A. (2010), S. 12.
[5] Vgl. Du Bach, E. B., Frey, H. (2007), S.17.
[6] Vgl. Bode, A. (2010), S. 12.
[7] Vgl. Du Bach, E. B., Frey, H. (2007), S.18.
[8] Vgl. Bruhn, M. (2010), S. 11.

Gesetzliche Formvorschriften gibt es für solch einen Sponsoring-Vertrag grundsätzlich keine. Daher ist dieser Vertrag mündlich sowie schriftlich abschließbar. [9]
Bei der Ausgestaltung eines Sponsoring-Vertrags sind steuerliche Folgen, die durch gemeinsame Vereinbarungen entstehen können, nicht zu vernachlässigen.[10] Sonderregelungen, Verbote und Beschränkungen sind, aufgrund der Formfreiheit grundsätzlich nicht vorhanden. Es ist jedoch nicht auszuschließen, dass sich durch spezialgesetzliche, allgemein geltende oder privatautonom gesetzte Regelwerke die Rahmenbedingungen ändern. [11] Es folgt kein weiteres eingehen auf diesen Bereich, da es sich um ein sehr kompaktes Thema handelt und für die vorliegende Arbeit keine hohe Relevanz hat.
Die Entwicklung einer Sponsoring-Strategie erfordert genaue Überlegungen und ausgewählte Methoden für eine systematische Planung bei einer langfristigen Vertragsbindung an einen Sponsoring-Partner. Um die gesetzten Sponsoring-Ziele bestmöglich zu erreichen, müssen Kommunikations- und Sponsoring-Strategie festgelegt werden.
Die Kommunikationsstrategie kann sich in drei verschiedene strategische Ausrichtungen ausprägen: Segmentierungs-, Profilierungs- und Bekanntmachungsstrategie. Die Segmentierungsstrategie konzentriert sich auf eine gezielte Ansprache einer ausgewählten Gruppe. Die Profilierungsstrategie zielt auf ausgesuchte Imagedimensionen ab, die zum Unternehmensimage passen. Die Bekanntmachungsstrategie legt ihren Schwerpunkt in der Vermittlung eines Produktnamens. Die Wahl der Strategie im Bereich der Kommunikation ist abhängig von dem kommunikativen Problem eines Unternehmens.
Die inhaltliche Bestimmung der Sponsoring-Strategie setzt Rahmenbedingungen für die Auswahl eines Sponsoring-Partners. Die Festlegung dieser Rahmenbedingungen setzt sich aus fünf verschiedenen Dimensionen zusammen. Dazu gehören Sponsoring-Objekt, -Botschaft, -Instrumente, -Zielgruppen und Gesponserte.[12]
In der nachfolgenden Abbildung sind die fünf Dimensionen grafisch dargestellt.

---

[9] Vgl. Dress, N. (1992), S. 97 ff.
[10] Vgl. Weiand, N.G. (2005), S. 8.
[11] Vgl. Weiand, N.G. (2995), S. 40/41.
[12] Vgl. Bruhn, M. (1994), S.118/119.

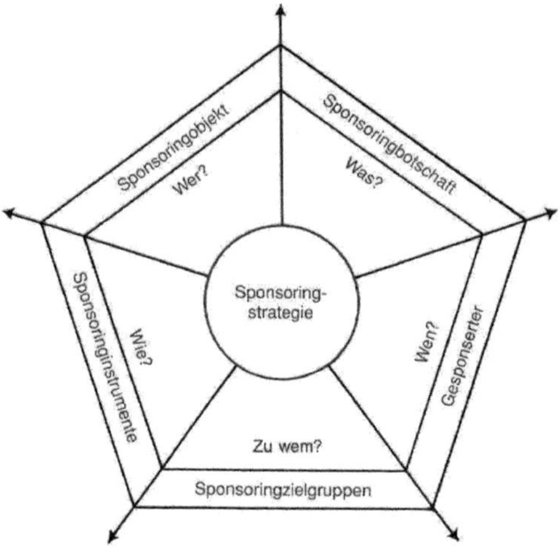

Abb.1: Dimensionen einer Sponsoringstrategie[13]

Das Sponsoring-Objekt ist abhängig von dem geplanten Projekt und meint den Sponsor. Dies können Unternehmen, Produktlinien oder einzelne Produktmarken oder Dienstleistungsprogramme sein.
Die Sponsoring-Botschaft kann in Form eines Slogans oder Namens auftreten. Die Botschaft ist jedoch inhaltlich und gestalterisch eingeschränkt.
Der Gesponserte muss in sachlicher, personeller und zeitlicher Sicht festgelegt werden.
Die Sponsoring-Zielgruppen sind ein ausgewählter Teil, der mit der Sponsoring-Botschaft angesprochen werden soll.
Unter Sponsoring-Instrumente ist die Definition der Form von Werbeträgern und Werbemitteln zu verstehen. [14]

4. Sport-Sponsoring

4.1 Definition Sport-Sponsoring

Sportsponsoring ist eine Form des sportlichen Engagements von Unternehmen, die eine vertragliche[15] „...vereinbarte Unterstützung von Einzelsportlern,

[13] Bruhn, M. (1994), S. 120.
[14] Vgl. Bruhn, M. (1994), S. 119/120.

Sportmannschaften, Vereinen, Sportstätten, (sportübergreifenden) Verbänden, Organisationen oder Sportveranstaltungen…“[16] abgeschlossen haben. Hierbei soll eine Wirkung in Hinblick auf die interne und externe Marketing- und Unternehmenskommunikation erzielt werden.[17]

4.2 Entwicklung des Sport-Sponsorings

Ein Institut für Marketing in München hat 1984 angefangen, sich mit dem Thema Sport als Gegenstand der Kommunikationspolitik der Unternehmen auseinanderzusetzen. Zu diesem Zeitpunkt, war der Begriff des Sponsorings in der Wissenschaft sowie in der Praxis noch nicht geläufig.[18]

Die Entwicklung des Sponsorings in Deutschland wird aus heutiger Sicht in vier verschiedene Entwicklungsphasen unterteilt.[19]

In der folgenden Abbildung sind nur zwei dieser Phasen zu finden, wobei nur auf die Phase 1 „Sport“ genauer eingegangen wird.

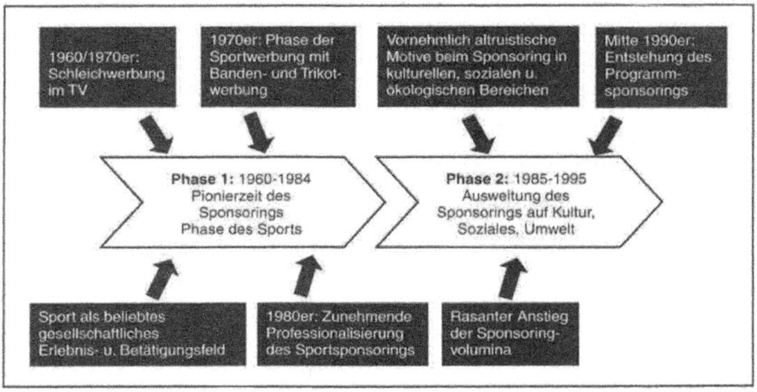

Abb.2: Entwicklungsphasen des Sponsorings I[20]

In der ersten Phase von ungefähr 1960-1984 entwickelte sich Sport zu einem gesellschaftlich gern gesehenenden Erlebnis- und Betätigungsbereich. Somit kann

---

[15] Vgl. Bruhn, M. (2010), S. 80.
[16] Bruhn, M. (2010), S. 80.
[17] Vgl. Bruhn, M. (2010), S. 80.
[18] Vgl. Hermanns, A., Marwitz, C. (2008), S. 39, zitiert nach Roth 1986.
[19] Vgl. Hermanns, A., Marwitz, C. (2008), S. 39.
[20] Hermanns, A., Marwitz, C. (2008), S. 39.

die Pionierzeit des Sponsorings mit der Phase des Sports gleichgesetzt werden.
Zeitgleich ließen sich die ersten Schleichwerbungen im Fernsehen erkennen, welche mit der ersten kommerziellen Werbung für Sport zusammenhingen.[21]
Als in den siebziger Jahren Sportwerbungen immer beliebter und bekannter wurden, entstanden Banden- und Trikotwerbungen. Eine besonders eindrucksvolle Trikotwerbung erschien 1972 für Eintracht Braunschweig, die als erster deutscher Fubßball Verein, mit dem Likör Jägermeister als Logo, die Werbung am Mann einführte. Dafür zahlte das herstellende Unternehmen 160.000 DM, was im Vergleich zu heutigen 20 Millionen Euro, die es der Deutschen Telekom wert sind, um T-Home auf den Bayern München Trikots stehen zu haben, sehr wenig ist. Somit lässt sich eine rapide Steigerung, von Anfang an, bis hin zur heutigen Entwicklung beobachten.[22]
In den 80er Jahren ließ sich, aufgrund der wachsenden Professionalisierung des Sportsponsorings, diese Entwicklung ebenfalls in anderen Sportarten beobachten.[23]

5. Kriterien

In diesem Kapitel handelt es sich um, allgemeine Kriterien aus dem Bereich des Sponsorings. Diese sind für Sport-Sponsoring ebenfalls relevant.

5.1 Kriterien aus Sicht der Sponsoren

Für Sponsoren reicht es nicht, bei der Wahl des Sponsorships auf die bisherigen Erfahrungen zu achten.[24] Es sollte daher regelmäßig überprüft werden, „ob die geplante Strategie und die vorgesehenen Kommunikationsmaßnahmen sich kohörent [zusammenhängend] zu den vorgegebenen Unternehmenszielen verhalten."[25] Daher folgt die Herangehensweise auf verschiedenen Ebenen und beschäftigt sich vorerst mit der Fragestellung, ob das geplante Projekt den Anforderungen der Kriterien entspricht.

[21] Vgl. Hermanns, A., Marwitz, C. (2008), S. 40.
[22] Vgl. Hermanns, A., Marwitz, C. (2008), S. 40.
[23] Vgl. Hermanns, A., Marwitz, C. (2008), S. 40.
[24] Vgl. Du Bach, E. B., Frey, H. (2007), S.26.
[25] Du Bach, E. B., Frey, H. (2007), S.26.

Dabei handelt es sich um die Zielgruppenkontakte und die Imageprofilierung. Die Zielgruppenkontakte sind sozusagen das entscheidene Argument und die dazugehörige Imageprofilierung ist ebenfalls eines der wichtigsten Argumente bei der Wahl eines Sponsorships. Ein Projekt wird für einen Sponsoren dann interessant,wenn die ausgewählte Zielgruppe möglichst direkt und ohne Streuverluste erreicht werden kann und eine nachhaltige Steigerung des Bekanntheitsgrad erzielt wird.[26]

Unter allgemeinen Kriterien sind folgende zusammengefasst:

- Händlerwerbung und-motivation
- Leistungsdemonstration und Profilierung im Markt
- Publicity und allgemeine Kontaktpflege
- Bestehendes Produkt oder Neues
- Relevante Events im Rahmen der Unternehmensstrategie
- Art der Ziele des Sponsorships
- Mitarbeitermotivation
- Dokumentation von Verantwortung gegenüber der Öffentlichkeit[27]

Unter wirtschaftlichen Kriterien sind folgende zusammengefasst:

- Absatz- und Umsatzsteigerung
- Gewinnmaximierung
- Distributionsverbesserung
- Markenaktualisierung (z.B. Re-Launch)
- Unterstützungsform (Finanzieller Betrag oder Sachleistung)
- Verhältnis festlegen (Hauptsponsor, Exklusivsponsor...)
- Sponsoringart (Person, Produkt, Dienstleistung...)
- Neupositionierung des Standortes[28]

[26] Vgl. Du Bach, E. B., Frey, H. (2007), S.26.
[27] Vgl. Du Bach, E. B., Frey, H. (2007), S.26/27.
[28] Vgl. Du Bach, E. B., Frey, H. (2007), S.26/27.

5.2 Kriterien aus der Sicht der Gesponserten

Für den Gesponserten ist es entscheidend, sich in die Lage des zukünftigen Sponsorships pyschologisch sowie ökonomisch zu versetzen und eine genau Analyse der Ausgangssitutation durchzuführen. Dabei ist zu beachten, dass man diese nicht nur auf die eigenen Aspekte hin untersucht, sondern zuerst die Voraussetzungen des Sponsors erfüllt.[29]

Unter allgemeinen Kriterien sind folgende zusammengefasst:

- Zuordnung und Profil des Projekts
- Besonderheit des Projekts für den Sponsor
- Festgelegte Ziele des Projekts
- Vorteile aus der Zusammenarbeit mit den Sponsoren
- Zusammenarbeit zeitlich begrenzt oder kontinuierlich
- Erreichbare Ziele
- Bedeutung des Sponsorships
- Nicht-finanzielle Erfordernisse[30]

Unter wirtschaftlichen Kriterien sind folgende zusammengefasst:

- Finanzielle Erfordernisse
- Preis/Leistungsverhältnis
- Investitionen des Sponsors in andere Formen mit vergleichbaren Verhältnissen[31]

6. Ziele

In diesem Kapitel handelt es sich um, allgemeine Ziele aus dem Bereich des Sponsorings. Diese sind für Sport-Sponsoring jedoch auch übertragbar.

6.1 Ziele aus der Sicht der Sponsoren

Sponsoren verfolgen bei einem Sponsorship psychologische und ökonomische Ziele, welche genauer in folgenden Abschnitten erklärt wird. Zusätzlich ist die Kommuni-

[29] Vgl. Du Bach, E. B., Frey, H. (2007), S.28.
[30] Vgl. Du Bach, E. B., Frey, H. (2007), S.28.
[31] Vgl. Du Bach, E. B., Frey, H. (2007), S.28.

kation mit den Konsumenten und der Öffentlichkeit ausschlaggebend, um ihren Absatz zu erhöhen sowie ihre Marke auf dem Markt zu stärken. Da das Sponsoring somit als ein Teil der Markenkommunikation zu sehen ist, betrachtet man es immer als eine Investition, die vorteilhaft sein muss. Einige Unternehmen bezeichnen das Kommunikationsziel, den Bekanntheitsgrad zu erhöhen, als Grund für den Einsatz von Sponsoring. Die Mehrheit wiederum definiert ihre Ziele detaillierter. Weitere Ziele sind z.B.: Kundenbindung und –gewinnung, Mitarbeitermotivation, Imagetransfer oder Umsatz- und Ertragssteigerung.[32] „Das Institut für Marketing der Universität der Bundeswehr unter Prof. A. Hermanns und die Bob Bomliz Group erheben in Deutschland seit 1998 Daten zum Sponsoring."[33] Es beteiligten sich 683 deutsche Unternehmen an der durchgeführten Umfrage im Jahre 2004. 33,2 Prozent gaben an, dass sie durch Sponsoring keine ökonomischen Ziele verfolgen würden. Dieser hohe Prozentsatz erklärt sich durch die ebenfalls behandelten Bereiche wie Kultur, Umwelt und Soziales. Weitere 63,6 Prozent antworteten hingegen, dass sie neben kommunikativen auch ökonomische Ziele anstreben.[34]

Die folgende Grafik zeigt, welche ökonomischen Ziele prozentual verfolgt wurden.

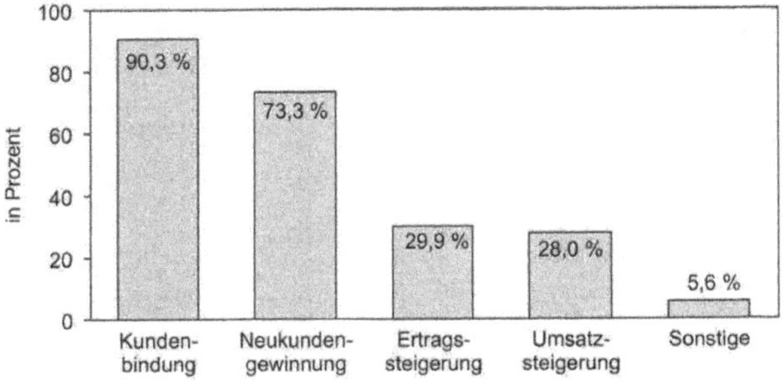

Abb.3: Welche ökonomischen Ziele verfolgen Sie?[35]

Wie aus der Grafik ersichtlich wird, legen die befragten Unternehmen viel Wert auf die Kundenbindung sowie Neukundengewinnung. Die Ertrags- und Umsatzsteigerung wird als ökonomisches Ziel zwar auch verfolgt, jedoch liegt dort nicht der Schwerpunkt ihrer Ziele.

[32] Vgl. Adjouri, N., Stastny, P. (2006), S. 24.
[33] Adjouri, N., Stastny, P. (2006), S. 24.
[34] Vgl. Adjouri, N., Stastny, P. (2006), S. 24.
[35] Adjouri, N., Stastny, P. (2006), S. 24.

6.2 Ziele aus Sicht der Gesponserten

Ziel der Gesponserten ist es, mit den benötigten Einnahmen geplante sportliche Ziele zu erreichen. Als Gegenleistung erhält der Sponsor in quantitativen Bereichen z.B. Zeit für PR-Auftritt oder Flächen für Werbebotschaften. Dies kann auf der Bande in einem Stadion oder auf Trikots sein. Die Steigerung der Bekanntheit erfolgt auf beiden Seiten durch das Image oder die Stellung im qualitativen Bereich. Die Gesponserten haben darüber hinaus noch das Ziel der Streuung ihres Finanzierungsrisikos sowie eine Ausweitung ihrer Einnahmen. Damit wird das Ziel verfolgt die Unabhängigkeit von Eintrittspreisen und Erlösen aus Medienrechten zu senken.[36]

6.3 Marketingziele

6.3.1 Ökonomische Ziele

Mit Sponsoring-Aktivitäten im Sportbereich werden auch ökonomische Marketingziele verfolgt. Unter ökonomischen Zielen versteht man z.B. Gewinn oder Umsatz und Kosten. Durch sportereignisunabhängige Maßnahmen, wie z.B. Promotion-Aktionen in einem Handelsbetrieb mit gesponserten Athleten, werden ökonomische Ziele relativ kurzfristig und direkt erreicht werden.[37]

6.3.2 Psychologische Ziele

Aufgrund der immer wachsenden Relevanz der Beziehungsqualität, nehmen auch die psychologischen Ziele wie Kundenbindung und -zufriedenheit an Bedeutung zu. In diesem Zusammenhang eignet sich Sportsponsoring besonders zur Zielerreichung, da sich Besucher einer Sponsoring-Veranstaltung oder eines Sponsoring–Events oftmals in einer vorteilhaften guten Stimmung befinden. Zudem können werbliche Botschaften durch Begeisterung, Aufregung und Vergnügen gezielter und bestenfalls auch nachhaltiger vermittelt werden.[38]

---

[36] Vgl. Adjouri, N., Stastny, P. (2006), S. 24.
[37] Vgl. Bruhn, M. (2010), S.114, zitiert nach Bassenge 2000, S.77.
[38] Vgl. Bruhn, M. (2010), S.114/115.

Zum Beispiel stellt Swiss Life, ein schweizerischer Lebensversicherungskonzern, im Anschluss an Veranstaltungen, wie das Reitakrobatik Event Swiss Life CSI Zürich, ein Gästezelt sowie eine Logo zur Verfügung, indem die Kunden ihre Zufriedenheit mit dem Service beurteilen können.[39]

6.4 Kommunikationsziele

6.4.1 Bekanntheitsgrad

Durch einen großen Medieneinsatz bei Großveranstaltungen im sportlichen Rahmen, eignen sich Sponsoring-Maßnahmen besonders, um den Bekanntheitsgrad eines Unternehmens oder einer Marke zu verbessern. Ein gutes Beispiel für eine solche Großveranstaltung sind Weltmeisterschaften.[40] „Problematischer ist es jedoch, über Sportsponsoring Produkte bekannt zu machen, das Wissen über bestimmte Produkte zu erhöhen oder neue Verwendungsmöglichkeiten von Produkten aufzuzeigen. Ursache ist, dass"[41] sich das Sportsponsoring meist mehr auf die Marken- oder Firmennamen auswirkt, ohne genaue Vorstellung und Botschaften des Produkts. Daher bietet sich Sportsponsoring bei bereits bekannten Marken und eingeführten Produkten an, die einen gewissen Bekanntheitsgrad nachweisen können. Die Deutsche Telekom ist hierbei ein Ausnahmebeispiel, da sie über einen hohen geschützten Bekanntheitsgrad verfügt. Angestrebt wird hierbei, insbesondere durch Sportsponsoring, die Bekanntmachung der Produkte oder des verfügbaren Services.[42]

6.4.2 Imageprofilierung

Ein Imagetransfer ist die Grundlage der Imageprofilierung.
Ist der „Versuch, ein bestehendes positives Image (z.B. eines Produkts, einer Marke, eines Unternehmens, eines Ereignisses) auf ein anderes Objekt zu übertragen. Verbreitet ist der Markenimagetransfer (z.B. von Jil-Sander-Bekleidung auf Jil-Sander-Parfums)."[43]

---

[39] Vgl. Bruhn, M. (2010), S.115.
[40] Vgl. Bruhn, M. (2010), S.115.
[41] Bruhn, M. (2010), S.115.
[42] Vgl. Bruhn, M. (2010), S.115.
[43] Vgl. Gabler Wirtschaftslexikon.

Das ist sozusagen das Ziel einer guten Imageprofilierung. Dieser Imagetransfer kann sich zwischen Marken oder gegebenenfalls Produkten, Personen o.ä. abspielen. Ein Imagetransfer entsteht, wenn durch eine langfristige Anbindung an eine Sportart, die Imagedimensionen z.B. auch durch einen Sportler auf das Unternehmen übertragen werden.[44] Automobilhersteller versuchen beispielsweise durch Motorsportengagement einen Imagetransfer, in Bezug auf Technologie, Kompetenzen und ihrer Produktziele zu erreichen. So wird bei BMW ein Transfer über die Formel 1 zu ihrer Serienfahrzeug-Reihe X6 angestrebt.[45]

6.4.3 Segmentierung

Da es in dem Kapitel Sponsoring-Vertrag und –Strategie um die Kommunikationsstrategie mit den Bestandteilen der Bekanntmachung, Imageprofilierung und Segmentierung geht, wird in diesem Abschnitt kurz auf Segmentierung als Ziele der Kommunikation eingegangen.

Unter Segmentierung ist die Aufteilung des Gesamtmarktes nach festgelegten Kriterien gemeint. Die ausgewählte Zielgruppe soll bestenfalls homogene und heterogene Auswirkungen mit sich bringen. Das heißt, dass sie sich möglichst ähnlich sind, bezogen auf das Kaufverhalten und untereinander sich möglichst stark unterscheiden. Durch solch eine Segmentierung der Zielgruppen können Unterschiede der Käufer aufgedeckt und entsprechend an die Strategie angepasst werden.[46]

7. Beispiel zum Trikot-Sponsoring

Die Frage die sich nun stellt ist, wo die Unterschiede zwischen einem guten und einem schlechten Sponsoring-Engagement liegen. In diesem Abschnitt wird kurz auf die Erfolgsfaktoren des Trikot-Sponsorings eingegangen.

Durch wissenschaftliche Untersuchungen wurde belegt, dass der Sponsor-Fit einen wesentlichen Einfluss als Erfolgsfaktor eines Sponsoring-Engagements hat. Unter einem Sponsor-Fit versteht man das Zueinanderpassen der Sponsorenseite und der

[44] Vgl. Bruhn, M. (2010), S.115/116, zitiert nach Mattmüller/Oettgen 2007, S. 288.
[45] Vgl. Bruhn, M. (2010), S.115/116.
[46] Vgl. Gabler Wirtschaftslexikon.

Gesponsertenseite. In der nachfolgenden sind ausgewählte sieben Determinanten [Faktoren] und Konsequenzen eines Sponsor-Fit kurz erklärt.[47]

- Benefits: Werden die geplanten Kosten durch positive Aspekte wie z.B. finanzielle Beiträge übertroffen, so wird ein Sponsoring-Engagement mit höherer Wahrscheinlichkeit akzeptiert.
- Regionale Identität: Ist ein Sponsor regional fest verwurzelt und wird in Verbindung mit der Region wahrgenommen, so entsteht eine höhere Bereitschaft und Glaubwürdigkeit des Sponsors. Dies kann sich z.B. auf den Sponsor-Fit zwischen einem Sponsoren und einem Verein positiv auswirken.
- Ernsthaftigkeit: Ob ein Sponsor aus rein kommerziellen Gründen oder sozial motiviert ist, wird von den Fans wahrgenommen. Ein Sponsor-Fit wird als gut empfunden, solange die Fans die Ernsthaftigkeit spüren.
- Autonomiewahrung: Sobald ein Sponsor zu viele Vorgaben macht oder sich z.B. in Vereinsangelegenheiten einmischt, so kann dies zu Reaktanzen auf der Seite der Fans führen. [48] Reaktanzen sind sozusagen der Widerstand gegen Beeinflussung, weil man sich unter Druck gesetzt fühlt sowie in seiner Meinungs- und Verhaltensfreiheit bedroht fühlt.[49]

  Dadurch können Sponsor-Fit und Meinungen über den Sponsor negativ beeinflusst werden.
- Sportbezug: Wenn sich ein Sponsor bereits im Bereich Sport engagiert hat, so sehen Fans dies als logische Konsequenz an. Durch einen hohen Sportbezug kann eine positive Beeinflussung des Sponsor-Fit erzielt werden.
- Produktfit: Werden die ausgewählten Produkte als passend empfunden oder sogar selbst genutzt, so wird eine glaubwürdige Kommunikation des Engagements und ein Imagetransfer leichter erreicht. Aus dem starken Bezug zwischen Produkten/Dienstleistungen und der gesponserten Sportart profitiert auch der Sponsor-Fit.
- Exklusivität: Ist ein Sponsor in vielen verschieden Bereichen bekannt und setzt sich mit Musik und Sport auseinander, kann dies dazu führen, dass der Sponsor nicht als authentisch wahrgenommen wird, was wiederum negative Auswirkungen auf den Sponsor-Fit hat.[50]

---

[47] Vgl. Strahlendorf, P. (2011), S. 91.
[48] Vgl. Strahlendorf, P. (2011), S. 92.
[49] Vgl. Gabler Wirtschaftslexikon.
[50] Vgl. Strahlendorf, P. (2011), S. 92.

8. Fazit

Durch die grobe Unterteilung in allgemeine und wirtschaftliche Kriterien, lassen sich die Unterschiede zwischen Sponsor und Gesponserten besser gegenüberstellen.
Der Sponsor legt den Schwerpunkt bei den allgemeinen Kriterien mehr auf die Motivation im Unternehmen, Pflege des Bekanntheitsgrades und auf die Ziele des Sponsorships. Hingegen sieht der Gesponserte die wichtigen Kriterien unter den allgemeinen mehr auf das Projekt bezogen. Die Vorteile sowie Ziele aus einer Zusammenarbeit sind sozusagen die Bedeutung des Sponsorships. In den wirtschaftlichen Kriterien wird von der Seite des Sponsors hauptsächlich auf den Gewinn, die Art der Unterstützung sowie die Sponsoring-Art geachtet. Wichtig für den Sponsor ist ebenfalls, wie das Verhältnis in dieser Sponsoring-Beziehung ist, z.B. ob es noch andere Sponsoren gibt und was für Leistungen andere bieten können. Dem Gesponserten ist es wichtig, dass das Preis-Leistungsverhältnis stimmt und inwieweit der Sponsor noch weitere Investitionen in ähnlicher Form übernimmt. Da sich die Kriterien sehr auf die jeweilige Situation des Sponsors oder des Gesponserten beziehen, gibt es dort keine offensichtlichen Schnittstellen, die zu ausschlaggebenden Problemen führen können.
Werden die Ziele aus beiden Sichten betrachtet, so stellt man fest, dass es dort ebenfalls kaum Überschneidungen gibt. Der Sponsor legt sein Hauptziel durch ein Sponsorship, in die Kundenbindung und Neukundengewinnung. Die Gewinnmaximierung gehört zwar auch zu den Zielen, jedoch liegt dort nicht ihr Schwerpunkt. Ziele der Gesponserten sind hauptsächlich, dass durch die Einnahmen ihre geplanten sportlichen Ziele erreicht werden können. Gleichzeitig soll ihr Finanzierungsrisiko gestreut werden. In einem Ziel sind sich beide Seiten aber einig, und zwar wenn es um die Steigerung der Bekanntheit und bestenfalls eine Imageprofilierung für den Gesponserten sowie den Sponsor geht.
Abschließend ist zu beobachten, dass sich die Kriterien und Ziele auf beiden Seiten entweder so weit voneinander entfernen, dass sich dort keine Konflikte entwickeln sollten oder sie liegen so nah aneinander, dass man dasselbe verfolgt und somit dort ebenfalls keine Konflikte entstehen, da man sich selbst nicht im Wege stehen möchte. So ist festzuhalten, dass eine Sponsoring-Beziehung bei festgelegten Kriterien und Zielen unter normalen Gegebenheiten auf beiden Seiten zu einem Erfolg führen sollte. Das Beispiel des Trikot-Sponsoring zeigt nicht nur die verschiedenen Deter-

minanten und Konsequenzen, sondern auch, dass die Fans ebenfalls einen großen Einfluss auf eine Sponsoring-Beziehung haben.

Quellen- und Literaturverzeichnis

Literatur

Adjouri, Nicholas, Stastny, Petr (2006): Sport-Branding
Mit Sport-Sponsoring zum Markenerfolg, 1. Aufl., (Gabler Verlag), Wiesbaden

Bode, Andreas (2010): Sponsoring
Sponsoring wirkt Emotional! Nachhaltig! Kostengünstig!, 1. Aufl., (Musikmarkt Verlag), München

Bruhn, Manfred (1994): Sponsoring
Unternehmen als Mäzene und Sponsoren, 2.Aufl., (Gabler Verlag), Frankfurt am Main

Bruhn, Manfred (2010): Sponsoring
Systematische Planung und integrativer Einsatz, 5. Aufl., (Gabler Verlag), Wiesbaden

Bortoluzzi Dubach, Elisa, Frey, Hansrudolf (2007): Sponsoring
Der Leitfaden für die Praxis, 4. Aufl., (Haupt Verlag), Bern

Dress, Norbert (1992): Sportsponsoring, 3. Aufl., (Deutscher Universitäts-Verlag), Wiesbaden

Hermanns, A., Marwitz, C., Hrsg. Bagusat, Ariane (2008): Sponsoring
Grundlagen · Wirkungen · Management · Markenführung, 1. Aufl., (Vahlen Verlag), Berlin

Schmalen, H. , Pechtl, H. (2009): Grundlagen und Probleme der Betriebswirtschaftslehre, 14. Aufl., (Schäffer-Poeschel Verlag), Stuttgart

Weiand, Neil George (2005): Der Sponsoring-Vertrag, 3. Aufl., (Verlag C. H. Beck), München

Internetquellen

Gabler Wirtschaftslexikon,

Abgerufen am 21.05.2012 von
http://wirtschaftslexikon.gabler.de/Definition/marktsegmentierung.html

Abgerufen am 25.05.2012 von
http://wirtschaftslexikon.gabler.de/Definition/reaktanz.html

Abgerufen am 30.05.2012 von
http://wirtschaftslexikon.gabler.de/Definition/imagetransfer.html?tab=erklaerung